Erlebte Welt

Harlekin Pierrot

Lieben, Leben, Weinen, Sehen, Fühlen

Für alle Menschen, die Erleben was das Leben gerade mit

uns macht!

„Bühne – manche Menschen bekommen eine Bühne und sie

verdienen sie nicht – mache Menschen sollten vielmehr eine

Bühne bekommen, doch sie wollen Sie nicht – manche

Menschen brauchen eine Bühne, doch sie bekommen Sie

nicht!"

Passt auf, wer zu Euch spricht!

Erlebte Welt

Harlekin Pierrot

Lieben, Leben, Weinen, Sehen, Fühlen

Zum Geleit

Das Jahr war wieder voller Erlebnisse, Beobachtungen und Ereignisse, schöne, schlechte, einprägsame, flüchtige – ich habe sie versucht in Poesie zu fassen...

Menschen sind gekommen, Menschen sind gegangen, Menschen sind geblieben. Wir haben gesehen, wie Menschen Macht bekommen, wie grausam sie sein können, wie sinnlos sie handeln können oder auch wie sie gut sein können, menschlich sind ...

Wir sollten genau aufpassen, was wir mit unserem Handeln erreichen können und erreichen wollen. Passt dabei auf, denn jedes Handeln hat eine Konsequenz – sie kann positiv sein, sie kann negativ sein – wir sollten uns das immer vor Augen führen, wenn wir Handeln – oder eben auch n i c h t Handeln!

Harlekin Pierrot

Herzensangelegenheiten

Gefühltes (Er)Leben

Puffer

Eile ist nie gut, nur wirkliches zählt,

aber oft bekommt man nur den Schein!

… deswegen ist Vorsicht besser als Nachsicht,

… Vorsicht kann die Nachsicht korrigieren,

sollte aber nie kontrollieren!

Muse

Und wenn die Muse küsst,

... dann fühlt man,

... dann spürt man,

... denn sie ist fein und zart wie der Hauch einer Nacht!

Das Herz

Das Herz – Spiegel der Seele,

die Seele, Spiegel des Herzens!

Lebensfreude

Lachen

Zusammensitzen

Ideen austauschen

…, dass sollten wir mehr machen, **d o c h:**

Verzagen

Alleinsein

Ideen abschotten

…, das machen wir, **d e n n:**

Uns fehlt der Mut!

Uns fehlt die Lebensfreude!

Nur zu zweit

Nur zu zweit?

Nie allein!

Nur zu zweit?

Immer allein!

Nur zu zweit?

nie gefangen!

Nur zu zweit?

Immer gefangen!

Nur zu zweit?

nie frei!

Nur zu zweit?

immer frei!

Nur zu zweit?

nie verletzt!

Nur zu zweit?

immer verletzt!

Nur zu zweit?

nie verliebt!

Nur zu zweit?

immer verliebt!

Nur zu zweit?

Nur zu zweit!

Plump

Plump

Unvorteilhaft

Dick

Hässlich

A B E R

Liebenswert

Freundlich

Zugewandt

-

Was heißt hier plump?!

Achtsamkeit

Achtsamkeit ist wichtig!

Sind wir achtsam?

Wir sehen viel!

Wir hören viel!

Abers sehen wir es?

Aber hören wir es?

Manchmal!

Manchmal nicht!

Denn ohne Achtsamkeit verlieren wir uns –

Und sehen nichts!

Und hören nichts!

Und wenn wir uns verlieren –

… wird es traurig!

Herzklopfen – Achtsamkeit

Achtsam,

Schutz,

Selbstschutz,

Fremdschutz.

Achtsam für einen Menschen,

Achtsam für Menschen,

Tränen für einen Menschen,

Tränen für Menschen,

Weinen um einen Menschen,

Weinen um Menschen!

Achtsam

Liebe für einen Menschen,

Liebe für Menschen,

Herzklopfen für einen Menschen,

Herzklopfen für Menschen,

Achtsam

Seelenblick ins Gefühl!

Wahr

Es ist zu schön, um wahr zu sein!

Es ist einfach nie zu wahr, um schön zu schein!

Herzen

Herzen schweigen nie.

Sie schlagen leise,

sie klagen leise,

sie freuen sich kräftig!

...

Bin sauer auf meins, weil es so dumm ist!

Es ist nie dumm,

es ist manchmal weise,

und schickt uns auf eine Reise!

Die Seele des Pilgers

Sie liebt die Seele des Pilgers in Ihm.

Er liebt die Seele der Pilgerin in Ihr.

Sie sieht die Seele des Pilgers in Ihm.

Er sieht die Seele der Pilgerin in Ihr.

Sie lieben die Seele der Pilger in sich.

Sie sehen die Seele der Pilger in sich.

Sie gestalten Ihr Leben,

so wie die Seele des Pilgers es will!

Pilger

Der Pilger liebt die Gedanken.

Die Pilgerin liebt die Gedanken.

Die Gedanken kreisen.

Die Gedanken hassen.

Die Gedanken lieben.

Dier Hass erzeugt Gedanken.

Die Liebe erzeugt Gedanken.

Die Gedanken fangen an zu pilgern!

Träumerei

Das Hirn setzt aus.

Die Hände zittern.

Das Herz schlägt heftig.

Die Augen geschlossen.

Der Traum ist heftig.

Die Sehnsucht ist groß!

... aber

Die Realität ist anders!

... eben

Nur eine Träumerei!

Gefühl

Wie gut, dass ich dich habe, sagte das Gefühl!

Wie gut, dass du auf mich hörst, sagte der Verstand!

Wie gut, dass ich auf dich achte, sagte die Vernunft!

Wie gut, dass ich so stark bin, dachte sich das Herz!

Verstand

Wenn man wen ohne viel Worte versteht und verstanden

wird, ist es außerhalb des Verstandes.

Wenn man versucht zu verstehen,

versteht man meist nicht!

Wenn man versucht nicht zu verstehen,

versteht man meist!

Das ist Verstand!

Missverstehen

Oft missverstanden nichts verstanden zu haben,

Versteht der Versteher aber nicht!

Verstehste?

Missverstanden und unverstanden wird nie verstanden,

wird nie verstanden, um zu verstehen!

Verstehste nicht?

Herz

Was t es?

Freuden, Gefühl, Vernunft und Verstand fast gleichzeitig!

Es braucht keinen Namen,

überlasst es einfach mir.

Antwortete das Herz!

(Danke)

Sicher

Man sollte immer einen Ort haben, an dem man sich sicher fühlt,

Man sollte immer einen Ort haben, an dem man angekommen ist,

Man sollte immer einen Ort haben, an dem nichts „nichts" ist,

Man sollte immer einen Ort haben, an dem alles „alles" ist.

… und am besten ist dieser Ort im Herzen eines Menschen!

Trauer

Es ist zwar nur ein Hund, sagt der eine.

Er ist ein Familienmitglied, sagt der andere.

Er war ein Familienmitglied, sage ich!

Er hat gelitten!

Er ist gestorben!

Er ist auf der anderen Seite des Regenbogens!

Er fehlt

Sein Dickschädel!

Sein (professoraler) Blick!

Seine Begrüßung!

Er fehlt!

Sehr!

(Für unseren Hund, … er war ein Weiser!)

Die Reise über den Regenbogen

Es kündigt sich an!

Er bewegt sich weniger!

Er hat Schmerzen!

Wir leiden und halten Ihn!

Wir schrecken aus dem Schlaf!

Er jault!

Er rafft sich auf!

Er will gehen!

…

Und dann geht er den Weg an das Ende des Regenbogens, …

Er dreht sich um und schaut auf uns herab!

Er freut sich!

(Für unseren Hund, … er war ein Weiser!)

Eines Nachts

Manchmal beginnen die wundervollsten Geschichten mit

… „Eines Nachts"

Eines Nachts unter dem Sternenhimmel,

hauchte die Liebe dem Herz ihre Macht ein …

Eines Nachts umarmte die Liebe zwei Menschen …

Eines Nachts begann der Traum eines Lebens …

Worte

Worte. Gelesen wie gesprochen.

Gedanken. Gefühlt und geliebt.

Gefühle. Gespürt und geküsst.

Musik. Getanzt und verführt.

Worte berühren. Gelesen wie gesprochen,

geliebt, erliebt, sie bringen das Herz zum Beben

und den Verstand manchmal zum Verzweifeln!

Worte

Eine Idee – ein Ideal – ein Ziel!

Wenn ein Mensch eine Idee hat.

Wenn der Mensch ein Ideal hat.

Wenn der Mensch ein Ziel hat.

Dann kämpft er dafür!

Dann wird er verlacht dafür!

Aber er ist hartnäckig, …

… und erreicht es!

… und gerät in Vergessenheit!

Und doch ist es da!

Denn:

Wenn einer ein Ideal hat, wird er entweder verlacht und vergessen,

oder

berühmt und unvergessen!

Gefühl im Museum

Du gehst in ein Museum,

du merkst ein Gefühl,

du merkst ein Zucken um die Augen,

du siehst in deinem Spiegelbild einen Menschen,

er blickt dich an,

er blickt in deine traurigen Augen,

er blickt in deine Seele!

Du wendest dich ab,

die Tränen tropfen aus deinen Augen.

Du gehst, allein…

Erschauern

Es schauert dich,

du hörst traurige Klänge,

du blickst auf,

du blickst um dich,

du siehst ein paar Menschen,

du versucht den huschenden, schauerden Gedanken zu

fassen,

bevor der Faden abreißt,

es schauert dich,

du hörst traurige Klänge,

du blickst ins Leere!

Zwei Menschen

Zwei.

Zwei Menschen.

Zwei Menschen sitzen sich gegenüber.

Zwei Menschen lächeln sich an.

Zwei Menschen schauen sich in die Augen.

Zwei Menschen verlieben sich ineinander.

Zwei Menschen vergessen die Welt.

Zwei Menschen für die die Zeit nicht zählt.

Zwei Menschen.

Zwei.

Blicke

Blicke.

Blicke, die treffen.

Blicke, die zum Aushalten zwingen.

Blicke, die zum Hoffen anhalten.

Blicke, die zur Sehnsucht gehören.

Blicke, die zu Tränen rühren.

Blicke, die das Glück verheißen.

Blicke, die Schmerzen verursachen.

Blicke, die das Herz bewegen.

Blicke, die treffen.

Blicke.

Erlebte Welt

Kommentare zum Zeitgeschehen

Wannseekonferenz 2.0

Wohin gleitet die Gesellschaft?

Wohin gleitet unsere Freiheit?

Wohin gleitet unser Leben?

Warum lassen wir das zu?

Warum bewegen wir uns in solche Extreme?

Wissen wir nicht, was das bedeutet?

Haben wir denn nichts gelernt?

Nein!

Wir haben es nicht!

Wir merken es gar nicht, dass **sie** zündeln!

Aufstehen

Wir stehen auf!

Wir demonstrieren!

Wir sind gegen „rechts"!

Wir zeigen es!

Wir sind deutlich!

Wir stehen auf!

Wir zeigen es!

Deutlich!

Besser!

… im frühen 2024!

Nachtrag im späten 2024: Jetzt können wir es noch bei den nächsten Wahlen zeigen – bei den Wahlen bisher zeigt sich leider nicht, dass wir aufstehen, sondern es eher geschehen lassen!

Demonstrationen

Die Stadt, in der ich lebe, zeigt Gesicht!

Die Stadt, in der ich lebe, zeigt Willen!

Die Stadt, in der ich lebe, zeigt ihre Position!

Auch hier wird demonstriert!

Auch hier ist man empört!

Auch hier zeigt man Charakter!

Man zeigt sein Gesicht!

Man zeigt seine Position!

Man demonstriert!

…

Hoffentlich bleibt das so!

Die Wahlen werden es zeigen *-und haben es gezeigt, …!*

Terror

Die Welt schaut nach Moskau!

Die Welt schaut auf die Machthaber!

Die Welt schaut und erzittert!

Die Welt schlittert immer weiter in Konflikte!

Die Welt wird bedroht – **N E I N:**

Die Welt **ist** bedroht!

Die Welt **steht** in Flammen!

Die Welt **leidet** unter dem Terror!

Lesen und die Dummheit

Lesen schadet der Dummheit –

Das habe ich gelesen!

Bloß wird nicht mehr gelesen!

Dummheit ist für viele „en vogue"!

Denn Lesen ist „out"!

Denn Lesen ist „old fashioned"!

Dummheit schadet dem Lesen –

Das habe ich gespürt!

Luftalarm

Die Sirenen heulen!

Die Sirene warnen!

Die Sirenen heulen!

Die Menschen fliehen!

Die Raketen schlagen ein!

Die Sirenen heulen!

Die Bomben fallen!

Die Menschen leiden!

… und alles innerhalb von ein paar Minuten!

… und kein Ende!

Banksy

Da steht man im Museum!

Da hört man Klangeindrücke!

Da sieht man seine Graffitis an den Wänden!

Plötzlich ist man Schweißgebadet!

Plötzlich stehen die Nackenhaare auf!

Plötzlich hat man Gänsehaut!

Und das Gedankenkarussell beginnt zu kreisen!

Und die Tränen fangen an zu laufen!

Graffito

Die Taube trägt die Weste,

die Taube wird erschossen,

die Taube wird gerupft,

die Taube trägt die Weste!

Der Frieden trägt die Weste,

der Frieden wird erschossen,

der Frieden wird gerupft,

der Frieden trägt die Weste – **n i c h t!**

Die Taube kann nichts hören, …

Der Frieden kann nichts hören, …

(inspiriert durch ein Graffito von Banksy im Krakauer Banksy-Museum)

Das Mädchen

Das Mädchen steht da, …

Der Film läuft, …

Der Kameraverschluss klickt, …

„Gestorben!" ruft der Regisseur!

… die Helfer …

„Gestorben!" ruft das Leben!

Action?

Nein!

WUT!

(inspiriert durch ein Graffito von Banksy im Krakauer Banksy-Museum)

Idylle

Idylle, wir genießen Sie!

Idylle, wir sehen sie!

…

Schwimmwesten im Sonnenuntergang!

…

What a beautiful sunrise!

What a beautiful sunset!

(inspiriert durch ein Graffito von Banksy im Krakauer Banksy-Museum)

Bilder einer Landpartie

Die Bilder lassen mich nicht los…

Gedanken – es ist das Banksy-Museum mit seinen Bildern, Geräuschen und Tönen, dass mich erschauern ließ.

Die Fahrt durch „Potkarpartie" – ganz dicht an der Grenze zum Krieg!

Da war ich schon mal, da gab es 300 km entfernt keinen Krieg, …

… friedlich sahen die Bilder aus!

Es ist friedlich

Friedlich schwenken die Zweige?

Schwenken die Zweige friedlich?

Stille?!

Gedanken kreisen im Kopf!

Kreisen Gedanken im Kopf?

Stille?!

Friedlich ruht der See?

Der See ruht friedlich!

Hoffnung spürt das Herz?

Das Herz spürt Hoffnung!

Stille?!

Von oben

Von oben die Welt sehen.

Von oben die Freiheit erkennen.

Von oben die Grenzen wissen.

Von oben alle Menschen gleich wissen.

Von oben das Blau erkennen.

Von oben die Welt sehen!

Von oben!

Idol – Ideal – Vorbild?

Bin ich? – Bin ich nicht!

Idol – Ideal – Vorbild?

Eine schwierige Frage?

Keine Lösung – eine Lösung?

… das Idol verkörpert eine!

… das Ideal zeichnet eine!

… das Vorbild idealisiert eine!

und

… der Poet dichtet eine!

Narrative

Narrative bestimmen die Welt!

Narrative bestimmen die Menschen!

Narrative beherrschen die Welt!

Narrative beherrschen die Menschen!

Narrative werden erfunden!

Narrative werden geglaubt!

Narrative werden akzeptiert!

Narrative sind gefährlich!

Realität

Das Hirn zermartert sich.

Die Augen voller Tränen.

Der Herzschlag setzt aus.

Der Blick schweift über die Landschaft,

… fixiert die Horizontlinie,

… hält inne, …

Das Ohr hört ein leises Sirren.

Die Knie knicken ein …

… da liegt er mit offenem Blick,

… der tote Mensch!

… die Realität des Krieges!

… die Brutalität des Krieges!

Banal(ität)

Was ist banal?

Was ist trivial?

... das fragt mich ein Kind!

Nichts ist banal!

Nichts ist trivial!

... und das ist keine Antwort für ein Kind!

Die Zukunft ist nicht banal!

Die Zukunft ist nicht trivial!

... und das ist auch keine Antwort für ein Kind!

...

Ich kann nicht antworten – auf die Frage des Kindes!

Europa an einem Tisch

Hier sitzen wir in einer Stadt!

Hier sitzen wir in Schweden!

Hier sitzt Italien!

Hier sitzt Spanien!

Hier sitzt Deutschland!

Und wir sprechen!

Und wir lachen!

Und wir feiern!

So lernen wir voneinander!

So wächst Europa!

Das ist der Gedanke!

Deswegen kann es, …

Nein,

… muss es funktionieren!

Und wieder …

Es ist wieder Wahlkampf,

es wird wieder gebrüllt,

es wird wieder in Ecken gedrängt,

… und plötzlich ein Schuss,

… er verändert alles,

… man hat plötzlich einen Märtyrer,

… man wird den Gedanken nicht los,

…, dass alles inszeniert ist,

um zu polemisieren!

Geschlossene Augen

Die Menschen schließen die Augen!

Die Menschen wollen nicht sehen!

Die Menschen können es sehen!

Die Menschen schließen die Augen!

Die Menschen lassen Geschehen!

Lamento

Alle greinen!

Alle lamentieren!

Alle meutern!

Alle kritisieren!

A B E ER

Keiner spricht!

Keiner fasst an!

Keiner verändert!

Keiner zeigt Mut!

U N D

Das bringt mich in Wut!

Es war einmal …

Es war einmal …

       erzählte man sich!

Es war einmal …

       und es veränderte sich!

Es war einmal …

       und fing an zu weinen!

Es war einmal …

       und stand vor Trümmern!

Es war einmal …

       und hofft es geht vorbei!

… die Taube steigt in den Himmel,

den Ölzweig entzwei!

… Es war einmal …

       erzählte man sich!

Freiheit

... schreiben ...

... Gedanken sind frei ...

... und führen oft zu ...

Unfreiheit!

Denn:

... ohne Demokratie ...

... mit Diktatur ...

... und Faschismus ...

Keine Freiheit!

Verlorene Freiheit

Freiheit, …

… ich hab´ dich erwartet,

… ich hab´ dich gehabt,

… ich hab´ dich geliebt,

… ich hab´ dich erhofft,

… ich hab´ dich gelebt,

… ich hab´ dich genossen,

… ich hab´ dich verloren!

Jetzt weiß ich erst, was Freiheit heißt!

Gefühl der Veränderung

Ein Gefühl, …

ein schreckliches Gefühl,

ein unheimliches Gefühl,

ein unberechenbares Gefühl,

ein unangenehmes Gefühl,

ein sorgenbereitendes Gefühl,

… das Gefühl der Veränderung …

und es keimt in mir,

und ich mag es nicht,

und ich habe Angst vor

… dem Gefühl der Veränderung!

Bühne

Bühne bieten …

… ist Bühne bieten?

… ist Bühne bieten!

… ist beachten?

… ist beachten!

… oder aufzeigen?

… oder aufzeigen!

Das Datum

Lärm, klirrendes Glas

Scherben

Schreiende Menschen

Stiefel stampfen

Gewehre knacken

Kommandos erschallen

Ein mehrfaches Knallen

Krachendes Feuer

Plötzlich

Stille

Oder

Lärm, jubelnde Menschen

Hupende Autos

Sich in den Armen liegende Menschen

Musik

Knallende Sektkorken

Feuerwerk

Oder

Unglaublich schauende Menschen

Verzweiflung

Denn sie dachten es wird anders

Durst

Hastig jagende Atmung

Erinnerungen

Alles an einem 09.November ...

Der Pflasterstein

Gesenkter Blick auf einen goldenen Stein …

Da steht ein Namen …

Da stehen zwei Daten …

Eines zeugt von der Geburt …

Eines ein anderes …

Es zeigt unsere Geschichte

Jeden Tag

Jede Stunde

Sichtbar

… und für viele unsichtbar

Der Blick wendet sich ab!

Absehbar

Politische Entscheidungen

Wir wollen es nicht wahrhaben.

Wir wollen es nicht erkennen.

A B E R

Wir reden zu viel.

Wir handeln nicht danach!

D E N N

Wir hätten es in der Hand.

Wir könnten es ändern!

A B E R

Wir tun es nicht.

Wir sind nur nachher enttäuscht.

Wir sind verwundert!

Wir sollten endlich aufwachen!

Wir sollten nicht hinterher klagen!

D E N N

Die Folgen waren alle absehbar!

Schattenkabinett

Es werden Regierungen gebildet.

Es werden Minister vorgeschlagen.

Sie werden aus dem Schatten geholt!

Sie werden auf die Bühne gebracht!

Und schon haben sie ihre Bühne!

Und wir es so geschehen lassen!

Machtergreifung

Es geht schnell in dieser Zeit!

Es geht einfach in dieser Zeit!

Es wird Macht ganz schnell hergestellt –

Und plötzlich merken die Menschen,

dass einige immer mehr haben –

und plötzlich merken die Menschen,

dass sie schweigen müssen,

und plötzlich ist die Macht ergriffen-

dieses wurde zu spät begriffen!

Was Worte können

Worte können täuschen.

Worte können erklären.

Worte können (ver)ärgern.

Worte können hassen.

Worte können trauern.

Worte können weinen.

Worte können lachen.

Worte können verzaubern.

Worte können lieben.

Worte können sprechen.

Worte können schweigen.

Worte können lügen.

Worte können die Wahrheit sagen.

Worte können so wenig!

Worte können so viel!

1000 Tage

1000 Tage

1000 Tage Grausamkeit

1000 Tage Gewalt

1000 Tage Unmenschlichkeit

1000 Tage Hoffnungslosigkeit

1000 Tage Ohnmacht

1000 Tage Sinnlosigkeit

1000 Tage Wut

1000 Tage Krieg

… und keine Aussicht auf Ende!

Macht ein Ende!

… spricht der zerrupfte Vogel

Der Umbruch

Wir merken es kaum.

Wir sehen dabei zu.

Wir kommentieren es (manchmal).

Wir lamentieren.

Der Umbruch, er kommt!

Nur anpacken – machen wir nicht!

Nur entscheiden – wollen wir nicht!

Nur ändern – machen wir nicht!

Der Umbruch, er kommt!

Nur vorbereitet darauf – sind wir nicht!

Zusehen

Zusehen, wie es zerbricht.

Zusehen, wie es kaputt geht.

Zusehen, wie sich alles verändert.

… aus Wollen wird einfach eine Regierung platzen gelassen!

… nur der eigene Vorteil ist wichtig.

Das passiert hier gerade!

Wir sind ein Volk von Zusehern!

Ändert das Programm!

Sehnsucht nach den 80igern

Da sitzen wir und sehen die Friedensdemo aus den 80igern.

Da sitzen wir und hören das Lied „Ein bisschen Frieden".

Da sitzen wir und sehen die „Ökobewegung".

Das sitzen wir und sehen unsere Eltern und Großeltern.

… und heute?

Kein bisschen Frieden

(K)ein bisschen Umweltbewusstsein.

… haben unsere Eltern und Großeltern umsonst gekämpft?

… haben wir nichts mitgenommen?

… haben wir denn nichts gelernt?

Wahrscheinlich nicht!

Macht

Jetzt haben wir die Macht.

Jetzt können wir entscheiden.

Jetzt wählen wir.

Nutzt EURE Stimme!

Denkt daran, es entscheidet viel.

Denkt daran, es liegt an uns!

Denkt daran, wir entscheiden für uns!

… für unsere Kinder!

Seid weise!

Seid klug und lasst den Zorn nicht wählen!

Usurpatoren

Es gibt Menschen, die werden nicht gewählt.

Es gibt Menschen, die werden ausgewählt.

Es gibt Menschen, die Macht haben, ohne Legitimation!

Ohne Amt!

Ohne Befugnisse!

A B E R

Sie haben eine Bühne!

Sie haben Gehör!

Sie haben Geld!

U N D

Damit haben sie Macht!

…

Und wenige stellen sich Ihnen entgegen!

Habt den Mut es zu tun – lasst nicht solche Menschen über

EUCH und EUER Leben entscheiden!

Dank

Das Jahr ist wieder vorüber und viele Menschen haben mich zum Denken und Dichten angeregt.

Viele wissen es gar nicht, dass Ihre Äußerungen Ihre Geschichten oder auch Ihre Meinungen eine Quelle für Gedichte sind.

Diese Gedichte spiegeln dann meine Meinung oder mein Gefühl wider – Ihr könnt daran teilhaben, wenn Ihr wollt.

Taucht ein in meine Welt!

Inzwischen schon zum 10.Mal!

Danke fürs Lesen.

Euer

Harlekin Pierrot, Januar 2025

www.harlekinpierrot.com

Lesung am 13.11.2024

Inhaltsverzeichnis